ÉLOGE

D E

M. CUPERS.

ÉLOGE

DE

M. CUPERS,

Président du Collége-Royal de Médecine de Nancy, Membre de l'Académie de la même ville, Conseiller-Médecin de feue S. M. le Roi de Pologne, Duc de Lorraine & de Bar.

Lu dans la Séance publique du 25 Août 1775.

Par M. COSTE, Médecin en chef de l'Hôpital Royal & Militaire de Nancy, ci-devant de celui de Versoy; ancien Médecin pensionné de la Province, de la Ville & des Hôpitaux de Gex, Membre de l'Académie Royale des Ssiences, Arts & Belles-Lettres de Nancy, Associé de celle de Lyon.

A NANCY,

Chez J. B. HIACINTHE LECLERC,

Imprimeur de l'Intendance. 1775.

*Ad medici authoritatem mihi pertinere vide-
tur... ut animi temperantiam excolat...
bonis etiam ac honeſtis ſit moribus... te-
meraria namque proclivitas deſpectui eſt...
Vultu ad prudentiam compoſito , non
aſpero tamen, ne ſuperbus videatur aut
Miſantropus... æquum item in omni vitæ
conſuetudine ſe præſtare debet.*

Hippoc. Lib. De Medico.
Foeſ. Sect. I. 19.

ÉLOGE

DE M. CUPERS.

C'est dans ce Temple confacré aux Mufes, c'eft dans ce jour de folemnité, c'eft dans cette affemblée choifie de gens de lettres & de favans, que j'ai à célébrer un homme dont la réputation ne s'étendit pas au-delà des murs qui l'avoient vu naître ; d'un homme qui ne s'eft fignalé par aucune découverte ; d'un homme que les papiers publics ni les journaux n'ont jamais vanté ; d'un homme qui ne fut jamais tenté de groffir le nombre des Auteurs de fon fiécle. Ne femble - t - il pas au premier coup d'œil que les conditions effentielles de l'éloge académique manquent ici ? Car, il en faut convenir , on diroit fouvent qu'ils font calqués les uns fur les au-

A

tres, & que les changemens de noms, de dates , & de quelques circonftances perfonnelles en conftituent les différen- ces principales ? Ici , MM. c'eft un homme favant, mais fimple , modefte & vertueux ; un citoyen eftimable, qui, dans le cours d'une carrière affez lon- gue, fuivit d'une maniere uniforme le plan de vie que l'honnêteté, le zèle de fon état & la religion lui avoient tra- cé de concert ; un homme qui aima le bien, qui le fit conftamment & toujours par les meilleurs motifs. Voilà , MM. un caractère décidé, & dont le modèle n'eft pas commun. Ce font là les qua- lités qui diftinguerent le bon & honnête homme que j'ai à louer. Honnêteté & bonté !... qualités précieufes, & les feu- les propres à concilier cette bienveillan- ce générale que M. Cupers fut captiver. Elle s'étendra jufqu'à moi. Il me fuffit de parler d'un homme qui mérita bien de fes concitoyens , qu'ils porterent dans leur cœur, & dont la mémoire leur eft chere , pour avoir droit à les intéreffer. Les premiers demi - dieux furent les bienfaiteurs du genre humain; les Cérès, les Hercules , les Triptolê-

mes ; les Efculapes obtinrent les honneurs de l'Apothéofe avant les Orphées
& les Céfars. Les arts agréables ont
été le fruit des arts utiles. Ils devoient
à ceux-ci , à jufte titre , leurs premiers
hommages.

Je ferai fimple comme l'homme vertueux dont j'ai à rappeller la mémoire.
Puiffe mon tableau répondre à fon
modèle , il me fuffiroit de l'expofer
pour réunir tous les fuffrages !

Marcellin Cupers nâquit
à Nancy d'une famille honnête (1).
Dans fes premieres études il montra
plus d'application que de facilité. Mais
les principes une fois inculqués laif-
foient chez lui des traces profondes
qui ne s'effaçoient plus. Ses parents
l'envoyerent à Cologne pour y faire
fa philofophie. Ce nouveau genre d'é-
tude étoit plus analogue à un efprit
folide chez qui le goût de réfléchir
avoit devancé les années où on le con-
tracte. Auffi M. C. eut dans fon cours
de philofophie des fuccès auxquels fes

---

(1) Mars 1713.

efforts n'avoient pu le faire atteindre dans son cours de belles-lettres. Cette *maniere d'être* de son esprit devoit naturellement tourner les vues de M. C. du côté des sciences utiles. Aussi annonça-t-il de très-bonne heure un goût décidé pour l'étude de la Médecine. Il s'y livra d'abord à Pont-à-Mousson où il prit des degrés. De-là il passa à Montpellier, où après avoir recommencé son cours académique, il reçut de nouveau les honneurs du Doctorat (1).

Un travail suivi, secondé des plus heureuses dispositions, avoit fait faire à M. C. des progrès si rapides & si marqués, qu'ils fixerent l'attention du dernier Empereur François I.er qui chercha dès-lors à se l'attacher. Une perspective brillante & flateuse vint s'offrir à M. C. Il y avoit de quoi tenter l'ame la plus modérée, & il sembloit que par reconnoissance on devoit se prêter à la fortune, lui tenir compte des avances qu'elle faisoit, & qu'elle ne s'accoutume pas à faire, même vis-à-vis du mérite.

____

(1) 18 Mai 1734.

Il s'agiſſoit pour M. C. de paſſer à Leyde, d'y prendre des leçons de Médecine du célébre Boerhaave, & les études finies, revenir à Vienne occuper une place de premier Médecin. Il eſt rare qu'un poſte, qui eſt l'objet de l'ambition la plus vive & ſouvent le prix de l'intrigue, s'offre ; il eſt encore plus rare qu'il ſe refuſe. M. C. en donna l'exemple. Il ne parut pas même faire un ſacrifice. Il eſt vrai qu'en refuſant, il trouvoit le moyen de ſe dédommager d'une maniere délicieuſe : il donnoit à une mere tendre, mais valétudinaire, une preuve de plus de ſon attachement. L'hiſtoire conſacre des actions brillantes, qui ſouvent , pour perdre leur mérite, n'ont beſoin que d'être approfondies, & les traits qui annoncent l'héroïſme le plus vrai, le plus intéreſſant , ſont ordinairement perdus pour la poſtérité.

La confiance de l'Empereur étoit faite pour exciter celle du public, & M. C. eut pu en jouir dès le moment de ſon refus. Mais il ſentit qu'il lui manquoit quelque choſe pour la mériter d'une maniere plus complette. Il voulut s'en rendre digne en venant à Paris

A iij

pour s'y perfectionner. Il favoit trop, MM. quels avantages la faculté de Médecine de cette Métropole du monde favant a eu, & aura toujours fur les autres, par la variété & l'étendue des connoiffances d'un fi grand nombre d'hommes fupérieurs qu'elle renferme, & qui s'y reproduifent fans ceffe. Plein de leur doctrine, il apprit à fecouer les erreurs & les préjugés d'une inftitution trop fcolaftique ; encouragé par leurs fuccès dans les occafions difficiles, défabufé par leurs infuccès dans les cas incurables, des vaines promeffes des auteurs, il fut à portée d'admirer toute l'étendue des reffources de notre art, & d'en reconnoître les limites. M. C. trouva dans le commerce des Médecins de la capitale l'exemple de cette affabilité, de cette douceur, de cette noble urbanité qui annonce l'homme honnête & bienfaifant. Il admiroit ces qualités. Il en parloit encore avec entoufiafme dans fes dernieres années. Il cherchoit, difoit-il, à les imiter, fans fe douter qu'il en étoit lui-même un modèle accompli.

Après des études & des épreuves fi

multipliées, M. C. vint se fixer à Nancy. Il y fit la pratique de la Médecine avec un éclat capable d'éveiller l'envie, mais aussi avec un succès capable de la déconcerter. Il étoit auprès des malades d'une exactitude scrupuleuse, comme s'il n'eut eu que ce mérite-là ; mais ses malades avoient à s'applaudir de ce que ce mérite se trouvoit solidement fortifié par des connoissances très-étendues, par un jugement exquis , par ce tact dont le privilége n'est pas exclusif, mais dont l'avantage n'est réservé qu'à un certain nombre de Médecins *prédestinés*, si l'on peut s'exprimer ainsi.

Il ne tenoit qu'à M. C. de devenir riche en pratiquant la Médecine. La confiance du public venoit le chercher de tous les côtés. Cependant il faut avouer que M. C. étoit plus difficile à enrichir qu'un autre. Il avoit une délicatesse d'ame qui s'allarmoit aisément, un désintéressement que tout autre que lui auroit trouvé pénible. On a su qu'il avoit renvoyé une somme considérable à une femme de condition , qui, dans une fortune médiocre, avoit moins consulté ses facultés que sa reconnoissance pour

A iv

s'acquitter envers lui. Il eſt des pro-
bités même ſévéres qui auroient oublié
de réformer un pareil calcul.

On peut aſſurer, avec la vérité dûe
à nos éloges hiſtoriques, que M. C. ne
fut redevable de ſon avancement qu'à
ſon ſeul mérite. Encore fallut-il que
ce mérite frappât les yeux de maniere
à ce que le public fût comme forcé
de s'en appercevoir ; car M. C. étoit
l'homme du monde qui s'oublioit le
plus aiſément. Il ne parloit de lui-même
que pour ſe trouver des torts, & il
n'étoit pas d'un caractère à chercher des
prôneurs. Il en avoit cependant, mais
ſans qu'il y eût de ſa faute. Il ignoroit
cet art des mouvemens, des intrigues,
ſi bien connu de ces gens qui n'ayant
par eux-mêmes aucune exiſtence, ne
trouvent de reſſource qu'à ſe jetter
à travers celle des autres.

Les chaires, les hôpitaux, les pen-
ſions, les places honorables & lucratives
vaquerent pluſieurs fois dans le cours de
la vie de M. C. On ne le vit point s'agiter,
s'intriguer pour lui-même. Il ſouhaita
la palme du dernier concours en Médecine pour un homme dont le zèle

& la capacité lui étoient connus. L'amitié fut l'occasion des motifs de ce souhait; mais M. C. n'en pouvoit faire la cause de son suffrage. Il distinguoit l'ami de l'homme de mérite ; & si le premier titre avoit quelque influence sur le jugement qu'il portoit des hommes, c'étoit en le rendant plus difficile & plus attentif. Il étoit en garde contre lui-même, dans la crainte de se laisser surprendre par les illusions de ce sentiment doux, & cependant impérieux, que la nature n'a départi qu'aux cœurs sensibles, & qui, s'il est quelquefois la source de leurs erreurs, en est aussi la plus excusable. La Providence donna à M. C. un caractère doux & sans ambition, un esprit solide & modeste. Il en eut assez pour servir la société, & se rendre par-là vraiment recommandable. Mais il fut assez heureux pour être placé au-dessous de ce degré de supériorité que l'impuissance & la médiocrité ne pardonnent jamais. Il jouit de la plus grande satisfaction que puisse éprouver un homme de bien. Il fut utile à ses semblables. Il goûta cette heureuse tranquillité ignorée des Grands,

incompatible peut-être avec une exiftence plus faillante, lorfqu'elle n'eft
dûe qu'au mérite. Le public s'acquitta
auprès de M. C. & lui rendit la juftice
qui lui étoit dûe. Il fut eftimé, honoré,
aimé... aimé ! ô bonheur ! ô jouiffance
bien préférable à ces refpects d'éti-
quette qu'impofent les places & les di-
gnités. On encenfe le perfonnage, &
l'on néglige la perfonne. Il n'eft point
de fentiments flatteurs que ceux qui
font libres & prefque d'égal à égal.
Ajoutons à ce fujet qu'il falloit que
M. C. fût né fous un aftre bienfaifant,
& dont l'influence le fervoit bien, puif-
que fes Confrères même fe détermine-
rent à être juftes à fon égard, & le
furent avec plaifir. Tous les fuffrages
fe réunirent à la mort de M. Bagard
pour le nommer Préfident du Collége
Royal de Médecine de Nancy.

M. Bagard eut des talens plus marqués, une célébrité plus étendue, des
dehors plus brillants que M. C. Funeftes
avantages peut-être ! qui pour un peu
de vaine fumée, traînent à leur fuite
la foule des défagréments que l'envie
fe plaît à accumuler fur la tête de ceux

qui fe diftinguent. M. Bagard fut en but à la calomnie, à la malignité. L'autorité furprife lui laiffa effuyer des mortifications : il éprouva l'ingratitude de ceux même à qui il avoit rendu les fervices les plus fignalés... Moins répandu parmi les Grands qu'il n'étoit forcé de voir que dans leurs maladies, plus rapproché des pauvres dont il étoit le Médecin, le protecteur & le pere, M. C. vécut d'une maniere plus tranquille, plus fatisfaifante pour lui, non moins avantageufe pour les autres. Il fit le bien impunément, & il le fit fans rencontrer d'obftacles. Eh ! MM. il avoit pu mettre en ufage le feul moyen peut-être d'y réuffir ! Il n'eut befoin que du concours de ceux qui reçurent fes bienfaits.

M. C. fut admis à l'Académie. Il tient peu de place dans nos mémoires. Mais il faut s'en prendre à une vie dont tous les moments furent confacrés au foulagement de l'humanité. D'ailleurs, M. C. étoit fort difficile fur ce qui s'appelle obfervations de Médecine. Il en voyoit tant dont il faut faire juftice. D'après cela il étoit devenu d'une ré-

ferve extrême fur fes propres obfervations, qu'il jugeoit avec trop de ri•
gueur; ce qui n'annonçoit que fa mo-
deftie, car on peut dire que fur cet
article fon jugement étoit trompé. M.C.
n'en étoit pas moins affidu aux exerci-
ces de l'Académie : il prenoit l'intérêt
le plus vif à fes travaux & à fa gloire; &
nos plus grands travailleurs le voyoient
avec plaifir affis à leurs côtés. On étoit
flatté des fuffrages d'un appréciateur
intégre. En matière d'arts & de fciences,
ce qui avoit une application utile au
bien de la fociété, obtenoit toujours
quelques préférences de fa part. Dans
le genre littéraire, il aimoit à entendre
célébrer les merveilles de la nature &
les bienfaits de la Providence. Je me
rappelle avec plaifir quelle vive émotion
il éprouva, quelques jours avant que
nous l'ayons perdu, à la lecture de la
belle ode de M. l'Abbé Leslie *fur la
Divinité.*

Il n'eft pas indifférent de remarquer
que M. C. avoit le plus grand refpect
pour la religion, & qu'il en rempliffoit
les devoirs avec exactitude. On eft fi peu
accoutumé à rendre juftice aux Méde-

cins fur cet article, qu'il faut faifir l'occafion qui fe préfente de détruire un
préjugé injufte dont ils n'ont que trop
à fe plaindre. S'il exifte pour les hommes une révélation refpectable, qui
eft le fondement de leurs efpérances,
croyez, MM. qu'il exifte dans les œuvres
de la nature une efpéce de révélation
particuliere pour le Médecin, qui lui
permet moins qu'à un autre d'être in-
crédule.

M. C. eft mort victime de fon zèle
& de fon humanité. Il étoit averti par
différentes infirmités de prendre un
peu plus de foin de fa fanté ; mais il
eut fallu négliger celle des autres, &
celle des pauvres furtout à qui il avoit
particuliérement confacré fes fervices.
Il voulut fupporter le fardeau comme
à l'ordinaire, & il y fuccomba vers la
fin du mois de Janvier dernier.

Il étoit d'une taille avantageufe ; fa
phifionomie étoit belle & ouverte. Sans
rien perdre de la dignité de fon état,
elle avoit quelque chofe de plus inté-
reffant encore par l'air d'honnêteté, de
douceur, de bonhommie, de politeffe
naturelle qui s'y faifoit principalement

remarquer. Il prononçoit avec une sorte de difficulté ; elle étoit quelquefois rectifiée par une vivacité qui ne se manifestoit que dans certaines occasions. L'honneur de la Religion , ou celui de la Médecine, n'étoient jamais attaqués impunément en sa présence, & la promptitude de ses répliques faisoit alors disparoître l'embarras de l'organe.

Dans le cours de cet éloge , je n'ai pu que songer aux reproches que le public est en droit de me faire. Pénétré comme il est , de respect & plein d'intérêt pour la mémoire de M. C. il me pardonnera difficilement d'avoir entrepris sur les fonctions du Secrétaire de l'Académie. Un marbre précieux attend de droit le ciseau d'un grand Artiste. Mais , MM. mon sujet fait mon excuse. Heureux celui qui peut dire de l'homme , qu'il s'étoit chargé de louer : *sa vie fut son éloge.*

Le jour , le lieu qui nous rassemble , le sujet qui nous occupe , les circonstances qui l'accompagnent, tout semble me rappeller à des réflexions que je ne suis pas le maître de garder pour

moi feul. Telle eft , MM. la viciffi-
tude , telle eft l'inftabilité des chofes
humaines. En phyfique , en politique ,
dans l'ordre focial , l'exiftence eft pré-
parée longuement par la main des tems :
l'époque de la durée eft courte, & tout
difparoît pour être confondu à jamais
dans les ténébres de l'oubli , ou pour
ne conferver qu'une ombre de réalité
dans le fouvenir des hommes. Après
avoir fubi , à mefures inégales, les in-
convénients & les avantages attachés à
notre condition , il nous refte à payer
un tribut commun à tous. Il femble
que nous ne foyons que les dépofitaires
de notre exiftence prife dans le fens le
plus étendu , & qu'elle ne nous foit con-
fiée qu'à charge de la tranfmettre à
d'autres.

Qui m'eut dit , MM. lorfque vous
daignâtes, à pareil jour , me compter au
nombre de vos confrères , que l'un de
ceux , au fuffrage de qui je dûs le plus
dans cette occafion, deviendroit par fa
mort le premier objet d'un fi trifte de-
voir ; qu'après vous avoir remercié pu-
bliquement de vos bontés , je n'éleve-
rois ici ma voix que pour jetter quel-

ques fleurs fur le tombeau de notre refpectable confrère ? Qui m'eut dit, M M. qu'après avoir prononcé mes regrets fur une perte qui nous devient commune, il ne me refteroit plus qu'à vous témoigner ceux que j'éprouve à la veille de n'être plus à portée de profiter de vos avis & de jouir de vos lumieres? Je n'ai pu faire ici que des preuves de bonne volonté. Vous aviez recompenfé des efforts : j'efpérois juftifier un jour des préfomptions qui m'honoroient, & des circonftances fâcheufes m'éloignent d'une ville que j'affectionnois, & à laquelle j'avois par inclination confacré mes jours & mes talens. Si vos fuffrages ont prévenu un mérite littéraire qu'ils fuppofoient aux yeux du public, j'ofe croire au moins, MM. que mes mœurs m'ont mis dans le cas d'emporter votre eftime, & ce fentimènt flateur eft bien fait pour abforber une partie de la peine que je reffens à vous quitter.